Gabriele Tomaselli

UN GRIDO NELL'OMBRA

Testimonianze sull'aborto

Mi sono sempre piaciuti i ringraziamenti
messi come introduzione anziché in
appendice, ma non ho mai avuto il coraggio
di cambiare. Stavolta l'ho fatto. Chissà che
questo non sia il libro delle svolte. Come
ogni libro anche questo possiede i suoi
personali ringraziamenti:

A mia moglie. Il tuo sdegno
per l'aborto, le tue lacrime e
la tua passione per i
bambini, sono stati per me
fonte di ispirazione. Grazie.

A Beniamino. Grazie perchè
la luce che hai accesa nel
mio cuore, da quando sei
nato, non ha più smesso di
brillare.

A nostro Signore. Grazie
per averci insegnato il
valore di ogni vita.

Il più bel dono di Dio all'
umana razza.

Un giglio,
rivestito d'innocenza e
bellezza,
un dono a voi concesso e
porto,
dolce, fragile e dopo morto.

Che il mondo non
apprezza,
perchè li crede un torto.

Un giglio,
che con i suoi petali
bianchi,
attira l'attenzione dei
passanti
e strappa un sorriso ai
volti inquieti.

Risolleva con gioia i volti

stanchi

e rende gli animi mansueti.

Un giglio,

spande il suo profumo ai

suoi parenti,

che voglion tutto torni

come "prima",

e fanno di quel dono poca

stima.

Del suo odore han goduto

pochi istanti,

san che finisce, ma non

come continua .

Un giglio,

che giace sul prato delle

scelte,

fatto "a pezzi" dall'amore

di se stessi, che priva

l'uomo di valore

e che non smette,

di colmare la vita di dolore.

Un giglio,

a questo penso,

bianco, di puro candore,

che appassisce lento col

trascorrer delle ore.

Per la sua bellezza, non

chiede compenso,

eppure nessun vuol mirare

tal splendore.

Un giglio,

senza voce, senza vita

gridi a chi ti pesta sul

selciato,

a chi cerca di raccoglierti

dal prato,

Gridi a chi non sente,

e la tua preghiera rimane

inesaudita!

Un giglio,
che appartiene, per diritto,
alla vita,
macchiatosi di un'unico
male:
Aver compreso che l'uomo
è sale,

può dar sapore e invece
infiamma la ferita.

Così tu.

Come un giglio,
il cui nome rimmarrà
nell'ombra
né mai più sarà ricordato.
Tu il cui sangue altri hanno
versato,

per negare l'evidenza a ciò
che sembra,
tu, non temer, sarai
consolato.

Come un giglio,
abbandonato pochi giorni
dopo essere sbocciato,
lì nel pozzo
dell'indifferenza,
dimenticato,

sarai accolto nei campi
eterni,
dove qui mai più,
puoi stare certo, amore,
verrai rifiutato.

*Dedicato a tutti i bambini
offerti in sacrificio delle
nostre "libertà"*

Prefazione dell'autore

Inizio ringraziando chiunque leggerà il libro, non importa che tu lo abbia comprato per approfondire gli argomenti trattati o te lo abbiano regalato. Questo libro è stato scritto per essere letto in modo che ogni donna sappia quali sono i procedimenti che in medicina vengono utilizzati per abortire.

L'unico scopo di questo libro è mettere in luce grazie alle testimonianze di medici e infermieri cosa avviene nel corpo della donna.

Spero che esso possa essere per tutti fonte di ispirazione nelle decisioni che dovranno prendere riguardo la famiglia. Soprattutto un grazie per l'interesse dimostrato riguardo un tema tanto "scottante" eppure tanto attuale.

"Oggi" l'era del futuro. Era in cui tutto è possibile e tutto a portata di mano.

Era di tanto osannata libertà, ma anche era di malattie tipiche come la depressione.

Ho deciso di scrivere questo libro con la speranza che possa essere un utile strumento di informazione nelle mani di chi è interessato a sapere.

Si dice che spesso non sapere è un bene. Ma se sapere può salvare delle vite, allora perchè girare il capo e fare finta di niente.

Tutte le testimonianze che troverete descritte in questo libro sono raccolte da diverse fonti sulla rete.

Sono testimonianze raccontate da bocche e occhi autorevoli che hanno visto e "toccato" (in alcuni casi) la verità con mano.

Sono testimonianze piene di tristezza e senso di impotenza verso un sistema che si sforza tanto per tutelare i "diritti della vita", ma non la "vita come diritto", un sistema, ahimè, atto a preservare la libertà, ma non i più deboli, i senza voce e gli indigenti.

Molte delle testimonianze qui riportate sono state prese dalla pagina facebook intitolata "No all'aborto" e sono spezzoni di discorsi tenuti in pubblico dagli stessi medici o infermieri che parlano come autorità in materia.

Tutte le testimonianze riguardano personale ospedaliero americano, in quanto ho trovato molto difficile reperirne tra gli italiani e anche perchè quelli che leggerete spiegano e rendono perfettamente l'idea di quello che succede all'interno della donna nell'atto dell'aborto. Mettono in luce ciò che la donna non vede.

Non si tratta di un testo scientifico, ma semplicemente di un libro di "denuncia" atto a far conoscere ciò che accade quando per "gioco" o per paura si ricorre all'aborto.

Per questo motivo il linguaggio è stato reso quanto più possibile semplice e scorrevole.

Non molto tempo fa ricordo che vidi in televisione un servizio in cui si parlava della difficoltà che spesso hanno le donne in alcuni ospedali a ricevere assistenza riguardo l'aborto e ciò a causa di medici obiettori non disposti ad eseguirli.

Fu a quel punto che mi chiesi? Medici obiettori di coscienza? Perchè mai un medico dovrebbe rifiutarsi di fare il suo lavoro?

Il lavoro di un medico, dico, che dovrebbe essere quello di aiutare la gente a guarire, a fare del bene...perchè dunque, un medico dovrebbe rifiutarsi di eseguire un aborto?

Credo che sia stato più o meno in quel periodo che incominciai a scrivere questo libro.

Perchè?

Perchè loro sanno...

Trattandosi infatti di un qualcosa che tocca solamente le donne e in particolare le molto giovani è spesso un argomento su cui si preferisce mantenere un certo tabù, dettato più che altro dalla coscienza, o su cui, comunque, si preferisce non controbattere, per non riaprire "vecchie" questioni in cui, tanto la legge, quanto l'opinione pubblica si è già espressa ampiamente.

Personalmente avrei molto più piacere sapendo che il libro ha suscitato interesse più tra i pro-choice (ovvero per la libera scelta) che tra i pro-life(a favore della vita).

Questo per poter aprire un dibattito interiore in cui ogni lettore potrà confrontarsi, al di là delle proprie opinioni personali, perchè si rapporta a ciò che realmente dovremmo ritenere come "giusto" e non secondo ciò che "conviene".

Se così fosse, il libro avrebbe raggiunto il suo scopo: quello di dare voce ad un gruppo di esseri umani che non hanno voce, i cui diritti vengono costantemente violati e di cui nessuno tiene nessun conto e spesso considera un "problema".

Sarebbe eccellente riuscire a rompere le barriere di paura che tengono legate giovani ragazze dal rifiuto dei fidanzati o della famiglia i quali non accettano i bambini. Sarebbe magnifico lasciare libertà alla parola di esprimersi e infine di decidere, al di là delle leggi, cosa è giusto e cosa è sbagliato.

Anzi se posso darvi un consiglio personale come autore: regalate questo libro, parlatene, fatene oggetto di discussione specialmente con quelle ragazze ancora indecise, insicure, che sono costrette da altri o dalla paura a fare qualcosa che non vorrebbero.

Da questo nasce il libro: dal bisogno di chiedersi, devo di nuovo mettermi in gioco su quest'argomento? Può esserci vita, dietro un muro di pelle? Siamo diversi al di là di quello? C'è vita dentro quelle piccole sacche, dove qualcosa si muove e un cuore batte?

Io ritengo che esista il bisogno di porci queste domande e non rifiutarle a priori.

Anche se alla fine la risposta sarà negativa, avremo comunque la soddisfazione di essere stati sinceri con noi stessi.

La legge del 22 Maggio 1978

Un giorno un uomo disse che le leggi non sempre sono giuste, ma sono leggi.

Prima di parlare di qualsiasi altra cosa, credo sia necessario enunciare quanto esposto dall'art. 1 della legge 194/78. La legge sull'aborto. La quale è il motivo fondamentale per cui il governo di allora diede il suo benestare riguardo la sua entrata in vigore.

Forse ad alcuni sembrerà anche strano, ma qui è riportato il vero motivo per cui la legge è stata fatta passare, che è ben diverso dai motivi che mostrano oggi molte giovani ragazze. Questo è il pensiero costituzionale dello stato nei confronti della vita.

Articolo 1

Lo Stato <u>*garantisce*</u> *il diritto alla procreazione cosciente e responsabile,* **riconosce il valore sociale della maternità e tutela la vita umana dal suo inizio**.

L'interruzione volontaria della gravidanza, di cui alla presente legge, **non è mezzo per il controllo delle nascite**.

Lo Stato, le regioni e gli enti locali, nell'ambito delle proprie funzioni e competenze, promuovono e sviluppano i servizi socio-sanitari, nonché altre iniziative necessarie **per evitare** *che l'aborto sia usato ai fini della limitazione delle nascite.*

Dalle parole del testo costituzionale sembra chiaro che il motivo per cui la legge è stata approvata è ridurre gli aborti.

La legge infatti, come leggiamo sopra, non è atta a favorire il libero arbitrio, ma a tutelare la vita e quindi a difenderla anche quando il libero arbitrio la minaccia.

Tuttavia nonostante questo significativo particolare e il significativo dato che ci viene dai medici obiettori di coscienza, le statistiche ci mostrano che per tre bambini nati ve ne è uno che muore. E di morte si tratta, perchè sempre più medici grazie ai risultati avuti dalla fetologia sono sempre più concordi nell'affermare che la vita inizia con il concepimento.

Quando infatti la legge fu approvata il problema principale era dato dagli aborti clandestini e al fine di evitare questi, si è scelto che era meglio legalizzarli acconsentendo però, tristemente, ad un loro smisurato e incontrollato aumento.Credo di non essere il solo a notare quanto contraddittorio e ridicolo sia il promuovere una legge abortista per difendere la vita del bambino e ridurre gli aborti.Mi chiedo se i governanti di allora avessero ben chiaro il testo che avevano davanti, se siano stati abbindolati dalle belle parole riportate dal testo o se siano semplicemente stati "costretti" da forze maggiori.Dall'art. 1 la legge continua ma per essere brevi riporteremo solo quelli che sono i punti di maggiore interesse:

– Tentativi di persuadere la donna a non abortire (art. 5)

"Il consultorio e la struttura socio-sanitaria, oltre a dover garantire i necessari accertamenti medici, hanno il compito in ogni caso, e specialmente quando la richiesta di interruzione della gravidanza sia motivata dall'incidenza delle condizioni economiche, o sociali, o familiari sulla salute della gestante, di esaminare con la donna e con il padre del concepito, ove la donna lo consenta, nel rispetto della dignità e della riservatezza della donna e della persona indicata come padre del concepito, le possibili soluzioni dei problemi proposti, di aiutarla a rimuovere le cause che la porterebbero all'interruzione della gravidanza, di metterla in grado di far valere i suoi diritti di lavoratrice e di madre, di promuovere ogni opportuno intervento atto a sostenere la donna, offrendole tutti gli aiuti necessari sia durante la gravidanza sia dopo il parto".

– Validità delle motivazioni, sociali, familiari, economiche, ecc. entro i novanta giorni. E solo se vi è pericolo di vita o di gravi malformazioni per il bambino dopo i novanta giorni.

– Tutelare la vita del feto se questo può continuare a godere di vita autonoma (art.7):

*"Quando sussiste la possibilità di vita autonoma del feto, l'interruzione della gravidanza può essere praticata **solo** nel caso di cui alla lettera a)*

dell'articolo 6 (quando la gravidanza o il parto comportino un grave pericolo per la vita della donna) *e il medico che esegue l'intervento deve adottare ogni misura idonea a salvaguardare la vita del feto".*

- <u>Obiezione di coscienza del personale medico(art.9):</u>

" Il personale sanitario ed esercente le attività ausiliarie non è tenuto a prendere parte alle procedure di cui agli articoli 5 e 7 ed agli interventi per l'interruzione della gravidanza quando sollevi obiezione di coscienza, con preventiva dichiarazione."

- <u>Pene previste per qualsiasi lesione, diretta o indiretta, che rechi danno alla donna gravida o causi un'interruzione di gravidanza(art.17).</u>

"Chiunque cagiona ad una donna per colpa l'interruzione della gravidanza è punito con la reclusione da tre mesi a due anni.
Chiunque cagiona ad una donna per colpa un parto prematuro è punito con la pena prevista dal comma precedente, diminuita fino alla metà.
Nei casi previsti dai commi precedenti, se il fatto è commesso con la violazione delle norme poste a tutela del lavoro la pena è aumentata."
La cosa strana che il lettore noterà da subito è come chi ha legiferato e accettato la legge 194 del 78, sia chiaramente contro l'aborto. Infatti il risultato che ci si aspettava di ottenere e che, forse, solo in Italia è stato davvero ottenuto era quello di ridurre gli aborti clandestini(ovvero causati tramite farmaci inadatti, illegali, metodi domestici inappropriati

e cliniche mediche non autorizzate). Ora riguardo questo punto vorrei mostrare quanto è chiaro che molte leggi, come anche questa siano il semplice prodotto di un sistema governativo occidentale, che partendo dall'America riesce ad influenzare e far approvare leggi che altrimenti non sarebbero così facilmente passate. Tanto che il tempo che passa dell'approvazione della legge sull'aborto americana e quella italiana avviene a una distanza di soli 4 anni. A tal proposito desidero farvi leggere la testimonianza del Dott. Nathanson uno dei "pionieri" della prima legge americana sull'aborto. Il dott. Nathanson, in seguito diventato pro-life cioè anti-abortista, ha stilato per filo e per segno le tappe del processo mediatico che hanno portato lui e gli altri abortisti a riuscire a far approvare la legge in America. Paese da cui questa legge si diffuse velocemente, nel resto del mondo.

*Sono personalmente responsabile di aver eseguito 75.000 aborti. Ciò mi legittima a parlare con autorevolezza e credibilità sull'argomento. Sono stato uno dei fondatori della National Association for the Repeal of the Abortion Laws («Associazione Nazionale per la legalizzazione dell'aborto»; NARAL), nata negli Stati Uniti nel 1968. A quel tempo, un serio sondaggio d'opinione aveva rilevato che la maggioranza degli americani era contraria a liberalizzare l'aborto. In capo a soli cinque anni, noi riuscimmo a costringere la Corte Suprema degli Stati Uniti ad emettere la decisione che, nel 1973, legalizzò l'aborto completamente, rendendolo **possibile virtualmente fino al momento del parto**. Come ci* *riuscimmo? È importante capire le strategie messe in atto perché esse sono state utilizzate, con piccole varianti, in tutto il mondo occidentale al fine di cambiare le leggi contro l'aborto.*

<u>*La prima strategia fu conquistare i mass media*</u>

Cominciammo convincendo i mass media che quella per la liberalizzazione dell'aborto era una battaglia liberale, progressista ed intellettualmente raffinata. Sapendo che se fosse stato fatto un vero sondaggio ne saremmo usciti sonoramente sconfitti, semplicemente inventammo i risultati di falsi sondaggi. Annunciammo ai media che dai nostri sondaggi risultava che il 60% degli americani era favorevole alla liberalizzazione dell'aborto. Questa è la tecnica della bugia che si auto-realizza: poche persone, infatti, desiderano stare dalla parte della maggioranza. Raccogliemmo ulteriori simpatie verso il nostro programma inventando il numero degli aborti illegali praticati ogni anno negli Stati Uniti. La cifra reale era di circa 100.000, ma il numero che più volte ripetemmo attraverso i media era di 1.000.000. Ripetendo continuamente enormi menzogne si finisce per convincere il pubblico. Il numero delle donne morte per le conseguenze di aborti illegali si aggirava su 200-250 ogni anno. La cifra che costantemente indicammo ai media era di 10.000. Questi falsi numeri penetrarono nelle coscienze degli americani, convincendo molti che era necessario eliminare la legge che proibiva l'aborto. Un'altra favola che facemmo credere al pubblico attraverso i media era che la legalizzazione avrebbe significato soltanto che quegli aborti, allora eseguiti illegalmente,

sarebbero divenuti legali. In realtà, ovviamente, l'aborto è divenuto ora

il principale metodo di controllo delle nascite negli Stati Uniti e il loro

numero annuale di aborti è aumentato del 1.500% dalla legalizzazione.

La seconda strategia fu giocare la «carta cattolica»

Sbeffeggiammo sistematicamente la Chiesa cattolica e le sue «idee

socialmente arretrate» e scegliemmo la Gerarchia cattolica come

colpevole dell'opposizione contro l'aborto. Questo argomento fu

ripetuto all'infinito. Diffondemmo ai media bugie del tipo «tutti

sappiamo che l'opposizione all'aborto viene dalla Gerarchia e non dalla

maggioranza dei cattolici» e «i sondaggi dimostrano ripetutamente che

la maggior parte dei cattolici vuole la riforma della legge sull'aborto».

I media bersagliarono insistentemente il pubblico americano con queste

informazioni, persuadendolo che qualsiasi opposizione alla

liberalizzazione dell'aborto doveva essere sotto l'influenza della

Gerarchia ecclesiastica e che i cattolici favorevoli all'aborto erano

illuminati e lungimiranti. Da questa affermazione propagandistica si

deduceva che non esistessero gruppi antiabortisti non cattolici; il fatto

che altre religioni cristiane e non cristiane fossero (e ancora sono)

unanimemente antiabortiste era costantemente sottaciuto, allo stesso

modo delle opinioni pro-life espresse da atei.

Negli Anni '70, durante un corteo femminista, in favore della liberalizzazione dell'aborto, una povera bambina viene usata per esprimere tutto l'anticlericalismo del movimento abortista che vorrebbe «democraticamente» zittire la voce della Chiesa cattolica sulla sacralità della vita fin dal concepimento.

La terza strategia fu la denigrazione e la soppressione di tutte le prove scientifiche del fatto che la vita ha inizio dal concepimento

Spesso mi viene chiesto che cosa mi abbia fatto cambiare idea. Come, da esponente abortista di punta, mi sono trasformato in un difensore pro-life? Nel 1973, sono diventato direttore di Ostetricia in un grande ospedale di New York City e ho fondato l'unità di indagine prenatale, proprio quando stava prendendo il via una nuova grande tecnologia che oggi usiamo quotidianamente per studiare il feto nell'utero. Una delle principali tattiche pro-aborto è insistere sull'impossibilità di definire quando la vita abbia inizio, e che questa sia solo una domanda di carattere teologico o morale o filosofico, ma non scientifico. La fetologia ha reso innegabilmente evidente che la vita inizia dal concepimento e che richiede tutta la protezione e la salvaguardia che ognuno di noi desidera per sé stesso. È chiaro che la liberalizzazione dell'aborto è la deliberata distruzione di quella che indiscutibilmente è una vita umana. È un inaccettabile atto di violenza mortale. Si può comprendere che una gravidanza non pianificata sia uno straziante dilemma, ma cercare la soluzione in un deliberato atto di distruzione significa buttare via l'infinita ricchezza dell'ingegno umano e sottomettere il bene pubblico alla classica risposta utilitaristica ai problemi sociali. Come scienziato so - non «credo», ma «so» – che la vita ha inizio con il concepimento. Benché io non sia praticante, credo con tutto il cuore alla sacralità dell'esistenza che ci impone di fermare in modo definitivo ed irrevocabile questo triste e vergognoso crimine contro l'umanità. Parole che toccano se dette da una persona tanto autorevole. Conversione. E' forse di questo che abbiamo bisogno? Ciò che però lui non racconta, ovvero il modo in cui passò dall'essere pro-choice all'essere pro-life(a favore della vita) e che appunto riguarda "il metodo scientifico" consistette in niente meno che nell'avvento dell'ecografo. Fu quando vi fu l'ecografo, in quegli anni, che gli consentì di vedere i movimenti del bambino che egli capì l'errore che stava commettendo. Il modo in cui il bambino si muoveva quando inserivano il tubo o l'ago. Il modo in cui scappava, il modo in cui apriva la bocca come se volesse gridare. Furono cose che lo toccarono profondamente e che da quel giorno in poi gli impedirono di proseguire per quella strada. Un grumo di cellule non scappa, non prova dolore, non ha "paura" di un aspiratore. A Nathanson serviva questo per vedere la verità, perchè la troppa propaganda e le troppe convinzioni gli avevano offuscavano la mente. Pensiamoci ogni volta che nella nostra testa salgono pregiudizi! Bisogna chiedersi: **Sono davvero d'accordo sul fatto che sia sbagliato vietare l'aborto, o sono vittima di un sistema che mi dice cosa devo pensare?**

Realtà o fantasia?

Un giorno una donna entrò nello studio del suo ginecologo di fiducia. La donna aveva con sé suo figlio: un dolcissimo bambino di un anno. I capelli dorati nascondevano due occhioni azzurri che brillavano vispi nel viso tondo e paonazzo.

Al vederlo il dottore sorrise e disse: "Ma buon giorno giovanotto...come stai?"

Il bambino sorrise di rimando, ma con vergogna si nascose il viso dietro una delle spalle della madre.

"Avanti saluta il dottore!" gli disse la mamma incoraggiando i suoi movimenti dopo avergli afferrato la manina.

"Buongiorno dottore" disse infine la donna accomodandosi sulla poltrona di fronte a quella del medico.

"Buongiorno signora" rispose il medico, sistemandosi i capelli brizzolati, ancora scombinati per mancanza di tempo "mi dica come posso esserle utile?"

La madre a differenza del dottore non sorrideva. Il suo volto divenne cupo come quello di qualcuno a cui sia appena capitata la più terribile delle disgrazie.

"Sono incinta dottore!"

All'udire quelle parole il dottore scattò quasi in piedi per la gioia.

"Davvero? Meraviglioso signora. Ricordo quanto ha dovuto tribolare per Diego"

"Meraviglioso?" chiese infine la donna spalancando la bocca con stupore "Dottore è una catastrofe!"

"Ah.." ribattè il dottore afflosciandosi sulla poltrona.

"Non capisce un'altro figlio! In casa nostra lavora solo mio marito e non guadagna chissàcchè..."

"Si ma mi sembra che non abbiate avuto problemi a crescere Diego no?"

"Be si" ammise la mamma "ma con due figli è diverso..."

"Perchè non avete usato i metodi contraccettivi allora?" chiese il dottore un po' seccato.

"E' stata una volta dottore...un'unica volta...non potevo pensare che sarebbe successo dopo quello che abbiamo fatto per riuscire ad avere Diego..."

"Eppure è successo! Adesso ha una creatura vivente, con un cuore che batte ed è proprio dentro di lei."

"Senta dottore non sono qui per farmi fare le prediche da lei. So che sebbene non approvi, lei è uno dei migliori in questo campo e mi fido di lei. E' stato lei a fare nascere Diego. Lei mi ha sempre seguito e voglio che sia lei a farmi abortire".

La mamma era sicura di sé. Nei suoi occhi vi era il bagliore della decisione.

Il dottore guardò il bambino che giocava con un modellino di un'auto lì seduto al suo posto. In quel momento entrò la segretaria del dottore interrompendo la discussione. Salutò la signora e disse qualcosa al medico, poi fece per andarsene ma tempestivamente la voce del dottore la fermò.

"Luisa ti prego prendi il piccolo con te un'attimo" poi guardò la madre.

"Signora non le dispiace vero? Così potremo parlare più liberamente."

"Diego vai con la dottoressa mentre io parlo con il dottore"

"Diego ci vieni con me?" chiese la segretaria con un sorriso invitante

"ho una coppa piena di caramelle di là". Diego vista l'imperdibile

occasione non potè fare a meno di annuire e sparì con Luisa oltre la

porta di ingresso.

"Ebbene Signora ho ritenuto di dover fare uscire il bambino, perchè

ritengo non sia opportuno che senta le decisioni prese in questa stanza è

d'accordo con me?"

"Sono d'accordo con lei dottore, tuttavia, non ho niente da nascondere a

Diego. Lui sa di essere unico e sa che non ci saranno mai altri bambini

che potranno prendere il suo posto."

Il dottore inarcò un sopracciglio.

"Da come parla sembra quasi che quello che porta in grembo non sia

figlio suo..."

"No dottore non è questo, è che non voglio avere due figli. Diego

assorbe già tutto il mio tempo. Desideravo tanto avere un figlio, anche

perchè con mio marito temevamo che uno di noi due fosse sterile, ma

non pensavo sarei rimasta di nuovo incinta dopo così poco tempo. Lui è

l'unico figlio che ho desiderato e ottenuto, perchè dovrei addossarmi il

peso di una situazione che so già diventerebbe insostenibile?"

"Quindi in sostanza nessuno è male, uno è bene, due sono troppi?"

"Si esattamente..." rispose la madre.

"Bene signora allora credo di avere una situazione che farà uscire entrambi soddisfatti."

La mamma lo guardò dubbiosa. "Significa che mi farà abortire?"

"Abortire? perchè mai dovrebbe abortire?" chiese il medico.

La donna allora iniziò ad andare un po' in escandescenza e disse "Dottore ma mi ha ascoltato si o no? Le ho detto che non voglio due figli!"

"La prego signora si sieda!" disse il medico invitandola alla calma "ho capito benissimo! Non vuole due figli, quindi uno dei due deve essere eliminato e io sono dispostissimo a farlo, la prego si sieda..."

A quelle parole la donna parve calmarsi davvero e si pose di nuovo a sedere.

"Credo che lei non mi abbia capito" continuò il dottore "Non è che io non voglia uccidere uno dei suoi figli..."

"Dottore la smetta di dire quella parola..."

"Quale? Uccidere?" disse il dottore con il tono più calmo che riuscì a trovare "d'accordo, mi perdoni cercherò di esprimermi meglio. Quello che volevo dire è che visto che a lei sostanzialmente interessa il numero, quindi, pensavo che invece di abortire il bambino che ha in grembo, potremmo uccidere Diego. Se le piace il nome può tenerlo per l'altro..."

A quel punto la madre andò su tutte le furie sbattè i pugni sul tavolo e disse. "Adesso basta sono stanca di essere presa in giro da lei. Non metterò più piede in questo studio" quindi con occhi di fuoco fulminò il dottore, poi giunta alla porta si voltò e disse: "Pensa davvero che io le permetterei di alzare anche solo un dito su mio figlio?".

Il dottore incrociò le dita e si rilassò sulla poltrona poi la guardò.

"Si signora, penso proprio che me lo permetterebbe"

…...................

Accadde tutto per caso quando un giorno una donna incinta andò a fare i soliti controlli di routine. Il ginecologo che l'aveva visitata aveva detto che gli era sembrato di notare qualcosa di strano nella bambina che portava in grembo e infine quando il dottore ebbe i risultati venne all'evidenza una scioccante verità.

"Mi dispiace signora, la bambina è senza reni" disse il dottore con voce grave e preoccupata.

La mamma impallidì. "Vuol dire che mia figlia morirà?" chiese la donna in preda a un senso di disperazione.

"Bè vede, fino a che la bambina nascerà non ci saranno problemi, ma dopo, quando sarà venuta alla luce non sappiamo quanto resisterà."

A quelle parole la donna si abbandonò ad un pianto calmo ma intenso. Aveva vergogna a lasciarsi andare così davanti al dottore. Non voleva che si sentisse responsabile di questa sciagura eppure non poteva fare a meno di trattenere le lacrime.

Dentro di lei un dolore caldo che partiva dal suo cuore pareva avvolgerle piano piano, tutto il corpo per trascinarlo in mezzo a sconforto e scoraggiamento.

"Allora mi sta dicendo che non mi resta altro da fare: devo abortire."

"Be signora nella sua attuale condizione non mi sento in grado di consigliarle nulla." disse il medico incerto "Continuare la gravidanza non porterà complicanze ulteriori alla bambina né a lei. Il problema sorgerà solo una volta che la bambina sarà nata".

La mamma ansimò. "Come posso partorire sapendo che mia figlia morirà poco dopo essere venuta al mondo? Il cuore mi si spezzerebbe e chissà quanto soffrirà..."

"Soffrirà lo stesso" disse il dottore "questa è qualcosa che purtroppo non possiamo evitarle, tuttavia possiamo farla nascere e darle tutto l'aiuto necessario perchè possa almeno sperare di farcela. Lei può darle amore e farla sentire amata. Potrà stringerla tra le braccia e dirle tutto quello che vorrà dirle."

Gli occhi della madre erano pieni di lacrime. Scoppiò di nuovo a piangere e quel pianto si protrasse a lungo per diversi giorni poi il pianto finì e la donna decise di abortire.

Quando tornò a casa dopo l'aborto, nei giorni successivi, quell'intensa e fastidiosa fitta al cuore non era scomparsa. La donna si toccava il petto perchè questo dolore incominciava a diventare sempre più soffocante.

La notte piangeva e non sapeva perchè. Quindi quando col passare dei giorni questa sensazione sparì comprese che la causa di tutto era quello che aveva fatto. Come avrebbe potuto convivere con questa colpa per il resto della sua vita?

Dentro di se sentiva un vuoto fisico dato dalla mancanza del feto che prima riempiva il suo essere. Era quel vuoto a ricordarle che lei adesso non c'era più.

Non l'avrebbe chiamata per nome, perchè il nome di questa bambina era stato sepolto con lei nell'ombra. Nascosto dietro un muro di rimpianti. Non aveva il coraggio di accettare di averla privata del suo amore, del suo conforto e della sua speranza. Benchè pensasse ancora di aver fatto la cosa migliore, dentro di sè quel dolore caldo e lancinante le ricordava costantemente che qualcosa le sarebbe mancato. Per sempre.

Quando dopo diversi anni rimase nuovamente incinta non poteva crederci.

Era al culmine della gioia e non stava più nella pelle. Il dolore per la bimba abortita era scomparso e aveva lasciato il posto alla gioia. Ma la gioia durò poco, anche stavolta.

"E' una femmina" disse il dottore al termine dell'ecografia "tuttavia signora visto i precedenti dobbiamo ripetere gli esami che sono stati fatti per la prima figlia. Ho notato qualcosa di strano, ma non vorrei sbagliarmi".

A quel punto le cadde il mondo addosso. Non poteva rivivere quell'incubo. Non era pronta a sentirsi di nuovo trafiggere da quel dolore.

"Ma dottore non può essere...che possibilità ci sono che anche questa bambina stia male?"

"Purtroppo buone..." rispose il dottore.

La madre sentì una freccia gelida e invisibile trafiggerle il petto.

"Mi dispiace" concluse il dottore.

Passarono i giorni necessari agli esami. Il dottore presentò alla madre il foglio contenente i risultati. La madre cercava disperata sul foglio qualcosa che potesse capire e che le dicesse che sua figlia stava bene, che non sarebbe morta.

Ma prima che i suoi occhi potessero trovare quanto stavano cercando, il dottore disse: "è senza reni signora. La bambina nascerà senza reni." Il suo tono di voce rotto esprimeva tutta la sua tristezza. Due bambine, stesso terribile destino.

La madre si accasciò a terra stringendo forte il foglio tra le mani quasi come volesse ridurlo a niente. Pianse e il suo pianto levandosi forte si udì per tutta la sala.

"Su avanti Signora non faccia così la prego" disse il dottore cercando di rialzarla.

"La prego signora ci pensi. Non deve darmi una risposta subito. Qualunque cosa scelga, io sarò al suo fianco e la sosterrò con ogni mezzo possibile."

"Grazie la ringrazio." disse la donna e così facendo si avviò verso l'uscita in cui il marito la stava già aspettando. Trascinò via la sua figura affranta mentre aprendo la porta che la conduceva fuori da quel luogo, ogni cosa sembrava bagnata da un'ombra di morte.

Passarono le settimane e più ripensava a quel dolore, a quella colpa, più la donna sentiva crescere in sè un sentimento di riscatto. Voleva vivere quella gioia. Voleva cancellare il dolore. Per quel che la riguardava voleva fare tutto quanto era in suo potere per donarle la vita. Avrebbe sofferto sia prima, che dopo, ma non l'avrebbe condannata con le sue stesse mani.

Lasciò che ancora qualche settimana passasse, poi quando fu il momento, si presentò nuovamente nello studio del ginecologo.

"Buongiorno Signora"

"Buongiorno" disse lei garbata. Ogni sentimento avverso pareva essere stato soffocato da una certezza.

"Voglio portare avanti la gravidanza" disse la donna.

Gli occhi del dottore luccicarono per un momento.

"Bene" disse lui lasciando intravedere una leggera soddisfazione "credo che dopotutto, sia la scelta migliore."

I mesi passarono, la pancia crebbe e con essa anche la creatura che celava al suo interno. La donna partorì e quando vide uscire quell'esserino tanto piccolo e indifeso da dentro di lei, provò una gioia incontenibile.

Sorrise, l'abbracciò a sé, le disse quanto l'amava.

Adesso solo un miracolo avrebbe potuto salvarla. Passarono le ore e i medici fecero tutto quanto in loro potere ma alla fine, la bambina morì.

La madre parve ricadere nel dolore, ma sapeva che stavolta il suo pianto sarebbe stato liberatorio. Libera dai sensi di colpa avrebbe conservato il ricordo di quelle quattro ore di vita della sua piccola per sempre. Solo quattro ore, nulla in confronto ad una vita intera, eppure tanto piene di vita, di speranza e di affetto da attirare l'invidia di molte altre vite piene di decenni futuli, ostili, e pieni di malvagità.

Adesso avrebbe vissuto con una nuova certezza dentro di sè: ogni vita prima o poi deve spezzarsi, ma chi siamo noi per decidere quando e come?

Testimonianza di un'infermiera

Salve a tutti. Innanzitutto, vorrei dire che c'è una sola cosa sbagliata
nell'aborto: è un omicidio.

Nel 1982 cominciai a lavorare in uno studio di ostetricia/ginecologia
nell'area di Livonia (Michigan). Amavo molto i bambini e i neonati, e
mi sembrava che il modo migliore per stare con loro fosse lavorare in
uno studio di ostetricia/ginecologia. Era veramente entusiasmante vedere
la crescita dei bambini da quando vengono concepiti fino al parto. In
seguito vedevo i bambini quando li riportavano nello studio. Era
veramente entusiasmante. Di fatto, frequentavo la Fiera del Michigan e
c'era una bancarella Pro-Life dove avevo comprato i miei piedini (era
una spilla a forma di piedini, grandi come quelli di un bambino a 10
settimane dal concepimento). Feci ciò senza comprendere in che cosa mi
stavo mettendo io stessa, allora. Mostravo i piedini a tutte le donne, e
non mi è mai passato per la testa che quei piedini rappresentavano i
bambini morti che venivano abortiti.

Avevamo parecchie donne che passavano per le cliniche che venivano
indirizzate ad abortire. Tre dei dottori con cui lavoravo in quella clinica
avevano un'attività in proprio e quattro studi in tutta l'area. Lì venivano
indirizzate le donne.

Dopo un po', volli andar via dalla clinica semplicemente perché non mi
pagavano abbastanza. Un medico mi offrì un incarico in un suo studio
privato a Livonia, così accettai. Mi spiegò che effettuavano aborti ma,

anche allora, non ci pensai molto. Allora ero pro-choice, o pro-aborto come direi oggi, e non pensavo molto a ciò che è l'aborto. Pensavo all'aborto come qualcosa che elimina un problema, non che uccide un bambino.

Le donne che venivano allo studio venivano perlopiù per abortire. Solo noi ne effettuavamo quattro al giorno, non era come in una tipica clinica per aborti, ma ne facevamo più della nostra quota. Le donne facevano gli esami di routine del sangue e della pressione, e confermavamo la gravidanza con un test delle urine.

Le ragioni che le donne adducevano per abortire erano completamente irreali. Ora lo capisco; ma allora il lavaggio del cervello mi aiutava a capire perché dovessero abortire. Ci avevano detto che come assistenti medici eravamo lì per aiutare le donne, qualunque fossero le ragioni. Molte donne non potevano permettersi finanziariamente di avere bambini, così usavamo esempi, come il prezzo delle scarpine, dei vestitini, quanto costa tirare su un figlio. Se non avevano finito gli studi, l'ostacolo che avrebbero avuto nello studio, come avrebbero trovato un baby-sitter: chi si sarebbe preso cura di quel bambino per loro? Trovavamo le loro debolezze e lavoravamo su di esse.

Dopo le domande di base, veniva detto loro brevemente che cosa sarebbe accaduto loro dopo la procedura. Tutto ciò che veniva detto sulla procedura era che avrebbero avuto dei lievi crampi simili a quelli mestruali, e tutto sarebbe finito lì. Non si parlava loro dello sviluppo del bambino. Non si parlava loro del dolore che il bambino avrebbe provato o degli effetti fisici e emotivi che sarebbero ricaduti su di loro. Non avevano idea di chi le avrebbe aiutate quando sarebbero andate in pezzi in seguito. Venivano portate nella stanza e, come ho detto, non veniva offerta nessuna assistenza psicologica. Queste donne fondamentalmente non avevano idea di che cosa si stavano mettendo dentro. Veniva detto loro solo di sdraiarsi sul tavolo; erano svestite.

Alcune donne erano un po' preoccupate. Ci avevano detto che nel parlargli non potevamo mai usare la parola "bambini". Dovevamo sempre dire tessuto o cellule o grumi di cellule. Poi cominciavamo la procedura.

C'erano tre procedure fondamentalmente che usavamo, e andrò un po' più nel dettaglio al riguardo.

Metodo di suzione

La prima è la procedura utilizzata più comunemente, ovvero il raschiamento per aspirazione. Da alcune ricerche che sono state fatte, è stato spiegato che la suzione di queste macchine è 49 volte più forte di quella del vostro aspirapolvere. Comprendo che molti di voi hanno familiarità con molte delle procedure che effettuiamo, mentre altri forse no. Ma per quelli che le conoscono, vi prego di sopportarmi e pensare soltanto a quello che sto dicendo. Io l'ho visto, e sono qui per riaffermare ciò che avete udito, perché tutto quello che leggete è la verità. Niente di tutto questo è una bugia. Non stiamo facendo alcuna esagerazione.

Il raschiamento ad aspirazione normalmente viene eseguito tra 6 e 8 settimane di gravidanza. Lo strumento è inserito nell'utero della donna ed il bambino viene risucchiato fuori dall'utero. Lei prova dolore ed il bambino viene spinto nel barattolo. Lo tiravamo fuori dalla piccola sacca e lo mettevamo nella bacinella. Il medico veniva ad esaminarlo. Se gli sembrava che fosse abbastanza grande, prendevamo il bambino, lo chiudevamo e lo mandavamo al laboratorio, nel caso in cui la madre avesse l'assicurazione. Se non l'aveva, il bambino veniva semplicemente gettato via per lo smaltimento rifiuti.

Metodo di smembramento (D&E)

La seconda procedura comune a cui ho assistito è la D&E, cioè dilatazione (dilation) e svuotamento (evacuation). Questa è eseguita normalmente tra le 9 e 16 settimane di gravidanza. Ho notato molte volte che si parla di laminaria nella descrizione. Ma, nella mia esperienza, non usavamo sempre la laminaria. L'usavamo a volte. La laminaria veniva inserita il giorno prima, ed il giorno dopo le donne ritornavano per subire la procedura. Tuttavia, su quelle che non avevano la laminaria, usavamo strumenti che sono come lunghe aste di metallo e ogni estremità è un po' più larga dell'ultima che era stata inserita nella cervice per aiutare a dilatarla. Naturalmente, durante la procedura, la donna sente parecchio dolore. Le viene fatta un'endovena di Valium o di

Sublimaze per aiutarla a rilassarsi, ma rimane sveglia.

La procedura comincia con l'aspirazione del fluido, poi il medico usa il forcipe per entrare e fare a pezzi gli arti del bambino. Avvenne un incidente in cui venne fuori un pezzo bianco e chiesi più tardi al medico che cosa fosse: era il cranio del bambino. Le donne sentono dolore. Non è soltanto durante la procedura che comprendono cosa capita al loro bambino o a loro stesse. Il 90% di queste donne cominciano a piangere già prima e non per il dolore.

Iniezione salina

Il terzo tipo di aborto è quello salino, che viene effettuato dopo 16 settimane di gravidanza. Questo deve essere fatto in ospedale per via delle complicazioni che possono insorgere: non che non possano insorgere le altre volte, ma è più frequente in questo metodo. Il liquido salino viene iniettato nel grembo della donna e il bambino la inghiotte. È una soluzione di sale. Il bambino comincia a morire di una morte lenta e dolorosa. La madre sente ogni cosa. Molte volte è a questo punto che capisce, o è davanti all'evidenza, che ha in realtà un bambino vivo dentro di lei, perché il bambino comincia a lottare violentemente per la sua vita. Scalcia e lotta dentro di lei perché sta bruciando. Potete immaginare il dolore? Versatevi un po' di acido sul dito e capirete quanto dolore deve provare quel bambino, solo che lui ce l'ha in tutto il corpo. Questa non è una piccola percentuale degli aborti. Avviene molto frequentemente.

Alle donne non venivano mai date alternative all'aborto. Si considerava automaticamente che loro sapevano ciò che volevano. Non si parlava mai loro delle agenzie per l'adozione. Non si parlava mai della gente là fuori che era desiderosa di aiutarle a dar loro case in cui vivere, di prendersi cura di loro e persino dare loro sostegno finanziario. Gli eufemismi che sono usati – ammasso di cellule, prodotti del concepimento, o semplice tessuto – sono tutte bugie.

Io ci sono stata, e ho visto questi bambini completamente formati già a 10 settimane, lunghi cinque centimetri e senza un braccio o con la testa staccata. Queste sono cose con cui dovrò convivere ora. So che il Signore mi ha perdonata, ma non potrò mai cancellare queste cose dalla mia mente: il suono di quelle ossa che si rompono, la vista di quei bambini. Mi sembra che più vado avanti a lavorare con la gente pro-life, più io rimanga colpita. Capisco la realtà di un bambino dentro di te, un bambino completo che sta crescendo.

Tra 18 e 24 giorni il cuore del bambino comincia a battere. Prima ancora che la donna sappia di essere incinta, il cuore di questo bimbo sta battendo. A sei settimane si possono rilevare le onde cerebrali. Le sue braccia e le sue gambe iniziano e muoversi e alle 8 settimane ha già un palmo e delle impronte digitali. Il suo sistema nervoso è sviluppato ad 8 settimane. Tutto questo accade nei tempi in cui gli aborti possono essere effettuati. Ditemi che questo bambino non sente nulla: io vi dirò il contrario.

A 10 settimane si possono contare tutte le dita, ogni dito dei piedi ed anche le piccole costole. Ho visto le piccole gabbie toraciche, ed è così chiaro. A 12 settimane ha tutti gli organi e stanno tutti funzionando. Può dormire; ha l'udito; ha il gusto. Stiamo aspettando che cresca. È esattamente come siete voi ora, solo minuscolo.

Una delle famose frasi che la moglie del medico era solita usare dopo la procedura, quando andava dalle donne che piangevano e dava loro delle pacche sulle spalle era: "È tutto a posto, cara, tutti facciamo errori, ecco perché le matite hanno le gomme." Come fai a cancellare quel pensiero dalla mente? Dove sarà lei quando quella donna è a rischio di suicidio perché capisce di aver ucciso suo figlio e niente glielo porterà indietro? Dove sarà allora? Lei sarà altrove, a contare il suo denaro e a comprare auto nuove. A lei non importa.

Mentre ero a Nuremberg (Pennsylvania), mi sono imbattuta in una storia interessante, che ripeto sempre quando parlo, sul piccolo Josh. Sua madre aveva divorziato ed aveva avuto una storia poco dopo. Rimase incinta e fu costretta ad abortire. In seguito, continuò a sentire dolore, così andò dal medico. Non aveva avuto altre storie dopo quella. Così sapeva di non poter essere ancora incinta perché aveva abortito e non aveva avuto altre relazioni. Quel medico le disse che ciò che era successo era a causa dell'aborto: aveva sviluppato un tumore e avrebbero dovuto farle una isterectomia. Era sul tavolo, pronta per l'operazione quando il medico fece un altro esame e scoprì che non era un tumore. Di fatto lei era ancora incinta. Proseguì la gravidanza ed il piccolo Josh fu di per sé un miracolo. Al programma aveva una felpa con scritto: "Sono sopravvissuto all'olocausto dell'aborto". Purtroppo, a causa della procedura, aveva una cicatrice da un lato del capo ed era leggermente limitato nell'udito e nella vista. Quello che pensano sia successo è che avrebbe potuto avere un gemello che fu, in realtà, abortito.

Ci sono diversi punti con cui controbattevo, quando lavoravo alle cliniche, alla gente pro-life, come lo stupro. Che dire a proposito di un caso di stupro, quando una ragazza viene sequestrata e, contro il suo volere, concepisce un bambino? Innanzitutto, il dato di fatto è che solo l'1% di tutti i casi di stupro finiscono con una gravidanza. Se sapete qualcosa di genetica o dello sviluppo di queste cose, saprete che quando il corpo di una donna subisce un'esperienza traumatica, come uno stupro, il corpo ovulerà o rilascerà un ovulo molto raramente. Perciò, la gravidanza avviene più limitatamente. Ma è questa percentuale molto piccola che la gente pro-aborto ama usare come parte delle proprie tesi. Non credo proprio che l'1% sia abbastanza per giustificare l'uccisione di tutti quei bambini innocenti. Il bambino non ha niente a che fare con lo stupro. È una vittima innocente. Se ti senti così contraria alla gravidanza, c'è gente pronta ad aiutarti. Puoi sempre dare il tuo bambino in adozione per dargli una buona casa.

L'altro argomento famoso sono gli abusi sull'infanzia. Sapevate che la maggioranza dei casi di abusi su bambini riguardano tutti gravidanze volute? Cercate di usare questo dato a vostro favore la prossima volta che qualcuno parla di abusi sull'infanzia. E' l'aborto l'estremo abuso sull'infanzia.

Avevamo un gruppo piuttosto interessante di persone fuori dalla nostra clinica: quelli che facevano picchettaggio. Erano là fuori ogni giorno con le loro insegne, a camminare avanti e indietro, e ci apparivano veramente ridicoli. Ci avevano detto di ignorarli perché erano sciocchi, non sapevano che cosa stavano facendo. Non capivano le giustificazioni di queste donne e, naturalmente, io ci credevo. Così quando andavo alla macchina, ogni giorno che erano lì, guardavo in basso, non li guardavo nemmeno. Temevo quello che avrebbero potuto dirmi. Ma scoprii che erano tutte persone veramente amorevoli. Una in particolare è Lynn Mills. Lei è la direttrice di Pro-Life Action League del Michigan. Da allora siamo divenute grandi amiche.

Un giorno decidemmo d'incontrarci in un ristorante del posto con una delle mie colleghe, e lei aveva portato con sé una delle sue amiche. Dibattemmo tutte quelle questioni che pensavo facessero sì fosse una cosa giusta abortire. Lynn aveva una ragione od una risposta per ogni domanda che le facevo. Tornai. Ci volle un po' più di tempo, ma alla fine centrò il segno. E più di questo, penso che ci fosse il Signore che lavorava su di me allora. Penso davvero che mi ha dato la forza di sopportare tutto quello che vidi in quella clinica. Stetti lì solo per sei mesi, ma c'era una ragione per questo, perché ora posso andar fuori e raccontare a tutti ciò che ho visto.

Sapevate che nel 1973 l'aborto ha ucciso quasi due milioni di bambini? Ci sono stati più bambini uccisi dall'aborto di tutta la

gente uccisa in tutte le nostre guerre.

Ci sono alcune esperienze di cui voglio parlare prima che me ne dimentichi. Ci fu l'incidente di un bambino di circa 16 settimane. Una delle ragazze mi aveva chiamato nel laboratorio mentre stava ripulendo, e all'estremità della cannula, cioè lo strumento all'estremità del tubo, c'era il piedino del bambino. Era lungo circa un centimetro. Questo piede era perfettamente formato. Non potevo crederci. Fui così sorpresa dal vederlo. Era tutto nero e blu. Quando lasci cadere qualcosa sul tuo piede ed il tuo piede rimane livido, generalmente è a causa del dolore. Il corpo del bambino era stato completamente fatto a pezzi dall'aborto.

In un altro incidente, il tubo si separò con uno scoppio dalla macchina e il sangue ci schizzò tutto addosso. La povera donna era sdraiata e piangeva. Era troppo tardi per fare qualcosa. Il bambino era morto.

Mi hanno detto che uno dei problemi dei pro-life è che parliamo troppo dei bambini che vengono fatti a pezzi. Mostriamo queste terribili immagini, indugiamo troppo su di esse. Cosa dovremmo fare? Questa è la realtà. Dovremmo dire: Oh, non andare ad abortire, il tuo feto o tessuto, diverrà deceduto? Non ha senso. Tu dici loro la verità, i fatti. Sì, i bambini appaiono così dopo l'aborto. E sì, fa male al tuo bambino e, più di tutto, colpisce te.

Ci fu l'incidente di una ragazza quattordicenne la scorsa primavera, era incinta. Sua madre la costrinse ad abortire. Il medico fece un pasticcio e adesso lei è sterile. Quella madre cosa risponderà alla ragazza quando crescerà e capirà che non potrà mai avere un bambino?

Ci fu il caso di una signora che venne alla clinica, era sposata con uno straniero. Questo fu molto interessante perché ancora oggi, non capisco come quei due avessero realizzato questo matrimonio. Lui non parlava inglese e lei non parlava la sua lingua. Immagino che ci fosse una qualche comunicazione, ma di certo non era sufficiente. Lei gli disse che voleva fare un bambino. Lui non sapeva che cosa stava facendo e alla fine lei rimase incinta. Quando gli disse che aspettavano un bambino, lui si arrabbiò. Non voleva un bambino. Non sapeva che era questo ciò che stava facendo. Allora, lei venne ed abortì. Così, senza ragione. Non voleva un bambino adesso. Tutto qui.

Venne un'altra donna alla clinica per il suo nono aborto. Aveva circa 40 anni. Nove aborti! Non c'è giustificazione per questo. Proprio non lo capisco. Rimango a volte sbigottita a ripensarci.

Vorrei sollevare un punto interessante riguardo al picchettaggio presso le case dei medici che è anche davvero imbarazzante per me. La prima esperienza di picchettaggio che ho mai fatto fu quando Lynn mi trascinò alla casa del mio medico. Per tutta la strada ero in lacrime. Me ne stavo con le mani in mano: Ti prego Signore, fammi andare via, fa' che passi, fa' che non sia a casa. Non voglio proprio vedere quel tipo e invece eccoci lì, di fronte casa sua, bussando alla porta. La gente si avvicinò per parlarci, poi uscì un vicino e disse che il medico non viveva più lì, si era trasferito in California.

I nostri medici erano soliti lavorare anche nel campo degli uteri in affitto, cosa che sta diventando molto diffusa per i pazienti sterili. Non potevo capire come poteva andare in una stanza ed uccidere un bambino, e poi andare nella stanza vicina e sforzarsi al massimo per cercare di fecondare un'altra donna per una coppia che non può avere figli. Era ancora più strano perché una volta ogni tanto ricevevamo una lettera da, ad esempio, una coppia della California che non poteva avere bambini. Mandavano lettere a diversi studi, sperando di ottenere una risposta da una donna incinta che volesse dare il suo bambino in adozione a loro. Il medico non considerava per niente tutto questo. Gliene accennai. Dissi che questa coppia era così bella, una bella foto, una bella casa, e facevano anche bei soldi. Potevano offrire tutto a un bambino. Chiesi al medico: Perché non indirizziamo una delle nostre donne a loro? Mi disse che non potevamo farlo, le donne erano lì perché questo è ciò che vogliono e non dovevamo interferire con la loro decisione. Questa era la risposta che ci veniva sempre data.

È apparso un articolo su un giornale di Livonia un po' di tempo fa. La clinica per cui avevo lavorato era stata evidentemente venduta ad un altro medico, e aveva messo un annuncio sul giornale con un tagliando per uno sconto sugli aborti. Prendemmo il telefono e cominciammo proprio ad insistere. Dovemmo fare del nostro meglio. L'annuncio fu tolto la settimana dopo e non lo rimisero più.

Alla fine credo che ciò che più mi ha fatto cambiare idea fu un incubo che feci una notte, poco dopo avere incontrato Lynn. Feci questo sogno in cui ero nella stanza per gli esami con il medico, ed avevamo appena terminato un aborto. Accanto al tavolo c'era un'altro bambino, ancora vivo e delle stessa lunghezza di quello abortito. Non ho mai vissuto davvero questa esperienza, ma questo bambino era nato. Era sdraiato al bordo del tavolo. La sua gambina stava penzolando fuori dal bordo ed il suo corpo era coperto con un panno di carta. La madre lo guardò e disse: "Devo stare sdraiata qui a guardare quel bambino?". Quindi il medico mi chiese di portare via il bambino. Presi il bambino, era uno di quei sogni in cui c'è un salone senza fine, vai avanti, avanti, e non raggiungi mai la tua destinazione. Tutto quello che sentivo nella mano era questo bambino grande e formato. Mi svegliai, piangevo ed ero sudata. Niente nella mia vita mi ha mai scosso di più. È stata l'esperienza più terribile che abbia mai fatto. Per la prima volta nella mia vita compresi che ero implicata nell'uccisione di bambini innocenti. Non effettuavo l'aborto in sé, ma avrei ugualmente potuto farlo. Io ero colei che dava gli strumenti al medico. Ho ancora incubi, non così frequenti e non tanti, ma penso sia un promemoria per ricordarmi che devo andare avanti per quei bambini e, con l'amore ed il sostegno che ho dai miei nuovi amici pro-life, sono in grado di farlo.

Spero che qui nel nostro convegno ci siano degli infiltrati perché ciò che dico è vero. Voglio che ci pensiate. Perchè quando andate a casa e avete degli incubi su quei bambini morti, è perché li state uccidendo. Questo è quanto. L'aborto è un omicidio. Non c'è altro modo di girarla. Speriamo che chiamerete uno di noi e, vi garantisco, noi saremo a braccia aperte per salutarvi ed aiutarvi in questa terribile esperienza.

Il dolore del feto durante l'aborto

Nel 1984 , durante "la Convention" del Comitato Nazionale Pro-Vita a
Kansas City, il Dott. Bernard Nathanson, celebre "ex-abortista" che
oggi fa conferenze a favore del "diritto alla vita", fece vedere un
documento straordinario, un sonogrammo, (realizzato con ultra suoni)
su un aborto per aspirazione.

Quello che segue è il racconto fatto da una dei delegati, la Sig.ra Sandy
Ressel.

"Il dottore commentava: questa bambina di dieci settimane è
straordinariamente attiva! Potevamo vederla mentre giocava, mentre si
muoveva e si girava con il dito pollice dolcemente in bocca. Potevamo
sentirle il polso che batteva in modo normale a 120 pulsazioni al
minuto. Quando il primo strumento toccò la parete uterina, la bambina
si accucciò immediatamente e le sue pulsazioni aumentarono
considerevolmente. Nessuno strumento l'aveva ancora toccata, ma
sapeva che "qualche cosa" cercava di penetrare per effrazione nel suo
santuario.

Vedevamo con orrore come (gli strumenti) maltrattavano e
letteralmente "rompevano a pezzi" questo piccolo essere innocente.
Prima la colonna vertebrale, poi la gamba, pezzo dopo pezzo, mentre la
bambina aveva violenti convulsioni. Lungo tutto questo tragico
procedimento, ella provò a schivare lo strumento tagliente. Ad un certo
momento le pulsazioni, segno della sua paura, arrivarono a più di 200 al

minuto. Alla fine fummo testimoni del macabro movimento delle pinze che cercavano la testa per distruggerla e tirarla fuori dall'utero, e ciò perché era troppo grande per passare attraverso il tubo di aspirazione. Questo lavoro durò circa 15 minuti. Il medico che praticò l'aborto lo filmò per semplice curiosità. Ma dopo avere visionato il video, abbandonò la clinica e non ci tornò mai più".

L'aborto per aspirazione, qui brevemente descritto, è uno dei metodi spiegati nei libri di studio di medicina. (Si pratica sino alla dodicesima settimana, il bambino misura circa 8 centimetri)

Un altro metodo è quello della dilatazione e raschiamento, che si pratica per gravidanze oltre le 12 settimane. Il procedimento infligge una grande quantità di ferite laceranti, sino alla morte del "bambino" e dura circa 10 minuti.

In caso di aborto tardivo (più di 14 settimane) esiste un terzo metodo, che consiste nell'iniettare nella tasca amniotica una soluzione salina ipertonica ad alta concentrazione (20%). Il metodo viene così descritto in un manuale di ostetricia: " Questa soluzione provoca alterazioni della placenta e l'espulsione fetale, quarantotto ore dopo l'iniezione". Le dichiarazioni di un medico legale spiegano il funzionamento e le conseguenze di questo metodo: "L'azione corrosiva della soluzione salina brucia gli strati superiori della pelle del feto. Quando viene espulso, si può notare un edema esteso e la degenerazione delle membrane superficiali. La forte salinità eccita i ricettori del dolore e stimola i condotti nevralgici del Sistema Nervoso Centrale, operativi durante l'aborto sino alla morte del feto."

Se ci fosse ancora un dubbio quanto al dolore provato dal feto, questo sparisce quando si leggono le raccomandazioni rivolte ai medici nell'uso di questo metodo: devono evitare a tutti costi, per esempio, il contatto di questo liquido con tessuti materni perché provocherebbe, oltre ad una bruciatura dei tessuti, "un intenso e grave dolore". Ed è questa stessa soluzione salina che il bambino ingoia e in cui nuota durante due lunghe ore di agonia.

Il metodo della soluzione salina è stato sostituito dal metodo di dilatazione ed estrazione (spesso denominata parto parziale); è una tecnica usata durante il secondo o terzo trimestre di vita e solitamente viene effettuata su un bambino già ben formato. I forcipi, infilati nel canale cervicale, sono utilizzati per posizionare il feto con i piedi in direzione di uscita e la faccia in giù, in modo da poterlo asportare. Il corpo del bambino viene tirato nel canale di nascita, ma la testa (troppo grande per passare attraverso la cervice) è lasciata all'interno. Le braccine ed i piedini esposti (e probabilmente flagellati) si muovono, ed il piccolo feto viene orribilmente terminato dall'abortista che inserisce delle forbici chirurgiche smussate nella base del cranio fetale e allarga le punte per dilatare la ferita. Un aspiratore è inserito nel cranio ed il cervello è succhiato fuori. Il cranio, privo del cervello, si schiaccia fino a che la testa del bambino non possa passare attraverso la cervice.

Un altro procedimento utilizzato per aborti tardivi consiste nella somministrazione di prostaglandina (orale o endovena), potentissima sostanza chimica che comprime i vasi sanguini, impedendo il funzionamento normale del cuore e inducendo violenti contrazioni. Il feto soffre durante questo procedimento? Non ci è dato saperlo direttamente, ma lo possiamo chiedere a chi soffre di angina pectoris o a chi ha appena avuto un attacco cardiaco: come sta? Fa male?

Non dimentichiamo le parole di John Noonan nel suo libro *New perspectives on Human Abortion*: "Indipendentemente dal metodo usato, i feti soffrono i peggiori trattamenti corporali. Tutti conoscono l'agonia. Malgrado la loro precaria esistenza, malgrado le capacità cognitive e sensoriali limitate, essi sperimentano la disintegrazione del loro essere e la fine delle loro capacità vitali. Quest'esperienza stessa non può che essere dolorosa". E aggiunge " non esistono leggi per regolamentare la sofferenza degli "abortiti". Ma esistono leggi per mitigare la sofferenza degli animali. E' un segno, non di errore o di debolezza, ma di compassione verso gli animali. Quelli che si sentono offesi per la balena arpionata sentono la stessa compassione per il bambino impregnato di soluzione salina? Tutta la nostra conoscenza del dolore altrui parte dalla solidarietà, dato che appunto noi non lo possiamo provare. E' proprio questo che ce lo rende sopportabile. Ma se ci identificassimo con quelli che soffrono, saremmo capaci di sentire un po' più di questo dolore intollerabile? "

Il dottor Anthony Levatino ha praticato complessivamente circa 1200 aborti prima di diventare prolife.

Il 17 maggio 2012 è comparso davanti ad una sottocommissione del

Congresso americano.

L'udienza era sul cosiddetto *Pain-Capable Unborn Child Protection Act*, che vuole proibire gli aborti dopo 20 settimane di gravidanza nel Distretto di Columbia (dove si trova la capitale Washington), basandosi sul fatto che i bambini non ancora nati possono sentire dolore in questa fase della gravidanza.

Il dottor Levatino ha parlato a favore del divieto. E la sua testimonianza è forse la spiegazione più brutale che si potrà mai sentire per spiegare perché l'aborto è un male, puro e semplice.

"Presidente Franks, egregi membri della sottocomissione, mi chiamo Anthony Levatino. Sono un ginecologo ostetrico abilitato. Ho conseguito la mia laurea in medicina presso l'Albany Medical College di Albany, New York nel 1976, e ho completato il mio internato in ginecologia e ostetricia presso l'Albany Medical Center nel 1980. Nei miei 32 anni di carriera, ho avuto il privilegio di praticare ostetricia e ginecologia sia nel privato che presso università. Dal giugno 1993 al settembre 2000 sono stato professore associato di ginecologia e ostetricia presso il Medical College di Albany, svolgendo in tempi diversi sia il ruolo di direttore del corso di studi che direttore del programma di internato. Ho anche dedicato molti anni alla pratica privata e attualmente ho uno studio medico a Las Cruces, nel New Mexico. Vi ringrazio per il vostro gentile invito a trattare le questioni riguardanti il *Pain-Capable Unborn Child Protection Act* nel Distretto di Columbia.

Durante il mio internato e nei primi cinque anni di libera professione ho eseguito aborti sia al primo che al secondo trimestre. Durante i miei anni di internato, gli aborti al secondo trimestre venivano eseguiti in genere attraverso infusione di soluzione salina o, occasionalmente, con instillazione di prostaglandine. Queste procedure erano difficili, costose e richiedevano che le pazienti avessero un travaglio di parto per espellere i loro bambini. Nel 1980, nel momento in cui ho iniziato la libera professione prima in Florida e poi nel nord dello stato di New York, quelli come noi che erano nel settore dell'aborto stavano cercando un metodo più efficiente per effettuare l'aborto al secondo trimestre. Abbiamo scoperto che la procedura "aspirazione, dilatazione ed evacuazione" (o "aspirazione D&E") offriva dei chiari vantaggi rispetto ai vecchi metodi. La procedura era molto più veloce e non presentava il rischio che il bambino fosse partorito vivo.

Tenete presente che il mio socio ed io non avevamo una clinica per aborti. Eravamo medici specialisti in ginecologia e ostetricia, ma l'aborto era sicuramente parte di quella professione. Relativamente pochi ginecologi nel nord dello stato di New York eseguivano questa procedura all'epoca e abbiamo visto l'opportunità di espandere la nostra professione nell'ambito dell'aborto. Eseguivo nel mio studio aborti per aspirazione, dilatazione e raschiamento nel primo trimestre fino a 10 settimane dall'ultima mestruazione e procedure più tardive in un ambiente ospedaliero ambulatoriale. Dal 1981 fino al febbraio 1985 ho eseguito circa 1200 aborti. Oltre 100 di questi erano aborti D&E al secondo trimestre, fino a 24 settimane di gestazione, e con questo intendo 24 settimane dal primo giorno dell'ultimo periodo mestruale della donna, che equivalgono a 22 settimane dal concepimento.

Immaginate, se ci riuscite, di essere un ginecologo ostetrico pro-choice come io ero una volta. La tua paziente oggi è di 24 settimane di gravidanza. A ventiquattro settimane dalle ultime mestruazioni, l'utero è due dita sopra l'ombelico. Se tu potessi vedere il suo bambino, cosa abbastanza facile con una ecografia, sarebbe lungo una volta e mezzo una mano, dalla cima della testa al fondo della schiena, senza contare le gambe. La tua paziente ha sentito il suo bambino calciare nell'ultimo mese o anche prima, ma ora lei sta dormendo su un tavolo operatorio e tu sei lì per aiutarla con il suo problema.

La prima cosa da fare è rimuovere la laminaria che era stata messa in precedenza nella cervice (ovvero l'apertura dell'utero) per dilatarla abbastanza da consentire la procedura che stai per effettuare. Fatto questo, guardi gli strumenti chirurgici messi su un tavolino alla tua destra. Il primo strumento che prendi è il catetere per aspirazione da 14 french. È di plastica trasparente e lungo circa ventitré centimetri. Ha un foro nel centro del diametro di circa due centimetri. Immaginate di introdurre questo catetere attraverso la cervice e di dire all'infermiera che vi assiste di accendere la macchina aspiratrice, che è collegata con un tubo di plastica trasparente al catetere. Quello che vedrete è un liquido giallo pallido, che assomiglia molto all'urina, che attraverso il catetere va in una bottiglia di vetro sulla macchina aspiratrice. Questo è il liquido amniotico che circondava il bambino per proteggerlo.

Quando l'aspirazione è completa, cercate la pinza Sopher. Questo strumento è lungo circa ventisette centimetri ed è di acciaio inossidabile. Ad un capo si trovano due ganasce lunghe circa cinque centimetri e larghe circa un centimetro, con file di creste affilate o denti. Questo strumento serve ad afferrare e frantumare il tessuto. Quando afferra qualcosa, non lo lascia andare. Un aborto D&E del secondo trimestre è una procedura alla cieca. Il bambino può essere disposto in qualsiasi orientamento o posizione all'interno dell'utero. Immaginate di entrare con la pinza Sopher e di afferrare quello che riuscite. A 24 settimane di gestazione, l'utero è sottile e morbido, quindi dovete stare attenti a non perforare o pungere le pareti. Una volta che avete afferrato qualcosa dentro, premete forte sulla pinza per fissare le ganasce e tirate forte, molto forte. Sentite che qualcosa cede ed ecco spuntare fuori una gamba completamente formata lunga circa quindici centimetri. Entrate di nuovo e agganciate ciò che potete. Fissate le ganasce e tirate fuori con molta forza un'altra volta, ed ecco spuntare fuori un braccio circa della stessa lunghezza. Entrate di nuovo con quella pinza e strappate fuori la colonna vertebrale, l'intestino, il cuore e i polmoni.

La parte più dura di un aborto D&E è quando devi estrarre la testa del bambino. La testa di un bambino a quell'età è delle dimensioni di una prugna e ora sta fluttuando liberamente all'interno della cavità uterina. Puoi essere abbastanza sicuro di averla presa se la pinza Sopher è divaricata per quanto permettono le dita e vedi del materiale bianco e gelatinoso che viene fuori dalla cervice. Quello era il cervello del bambino. Ora puoi estrarre i pezzi del cranio. Molte volte può uscire un visino e ti guarda fisso. Congratulazioni! Avete appena eseguito con successo un aborto D&E al secondo trimestre di gravidanza.

Se vi rifiutate di credere che questa procedura infligge enormi dolori su quel bambino non ancora nato, vi prego di ripensarci.

Prima di concludere, voglio fare un commento sulle affermazioni che sento spesso sul fatto che dovremmo mantenere l'aborto legale per salvare la vita delle donne, o prevenire gravi danni alla salute fisica, in caso di condizioni acute che possono presentarsi durante la gravidanza. L'Albany Medical Center, dove ho lavorato per oltre sette anni, è un centro di riferimento terziario che accetta pazienti con patologie correlate o causate dalla gravidanza che possono mettere a rischio la vita. Io personalmente ho curato centinaia di donne con queste condizioni mentre lavoravo lì. Ci sono diverse condizioni che possono verificarsi o peggiorare, tipicamente durante verso la fine del secondo trimestre o al terzo trimestre di gravidanza, e che richiedono cure immediate. In molti di questi casi, concludere o "interrompere" la gravidanza, se si preferisce, può salvare la vita, ma l'interruzione della gravidanza non significa necessariamente "aborto." **Ritengo che l'aborto sia raramente necessario, ammesso che sia mai utile in questi casi.**

Ecco perché: Prima che si possa eseguire una procedura di D&E, la cervice deve prima essere sufficientemente dilatata. Nella mia pratica, questo era ottenuto con inserimenti successivi di laminaria. La laminaria è un tipo di alga sterilizzata che assorbe l'acqua per diverse ore e si gonfia aumentando di diverse volte il suo diametro originale. Inserimenti multipli di diverse laminaria nello stesso momento sono assolutamente necessari prima di tentare un aborto D&E. A metà del secondo trimestre, questo richiede circa 36 ore. Se si dovesse utilizzare il metodo alternativo definito nel diritto federale come aborto a nascita parziale (che però è ormai generalmente vietato), questo processo richiede tre giorni, come spiegato dal Dr. Martin Haskell nel suo articolo del 1992 che descrisse per la prima volta questo tipo di aborto. Nei casi in cui una gravidanza ponga una donna in pericolo di morte o di gravi lesioni fisiche, un medico il più delle volte non ha 36 ore, né tanto meno 72 ore, per risolvere il problema. Permettetemi di spiegarmi attraverso un caso reale che ho gestito quando ero all'Albany Medical Center. Una paziente arrivò una notte a 28 settimane di gestazione, con grave pre-eclampsia o tossiemia. La sua pressione arteriosa al momento del ricovero era 220/160. Una pressione normale è circa 120/80. La gravidanza di questa paziente minacciava la sua vita e la vita del suo bambino. Avrebbe potuto benissimo avere un grave ictus a distanza di minuti o ore. Il caso è stato gestito con successo, stabilizzando rapidamente la pressione sanguigna della paziente e "interrompendo" la sua gravidanza con un taglio cesareo. La donna ed il suo bambino se la sono cavata. Questo è un caso tipico nel mondo dell'ostetricia ad alto rischio. Nella maggior parte dei casi simili, qualsiasi tentativo di eseguire un aborto "per salvare la vita della madre" **comporterebbe un ritardo ingiustificato e pericoloso nel fornire le cure adeguate**, quelle che davvero salvano la vita.

Durante la mia permanenza all'Albany Medical Center ho gestito centinaia di casi simili "interrompendo" le gravidanze per salvare le vite delle madri. In tutti questi casi, il numero dei bambini che ho dovuto deliberatamente uccidere è stato pari a <u>zero</u>.

Aborto tardivo o a nascita parziale

Premessa: questo metodo di aborto è stato vietato in America ma ho ritenuto ugualmente necessario portarlo alla conoscenza di tutti in modo che si sappia il limite fino a cui l'uomo è disposto a spingersi per "amore" della scienza o di qualsiasi altra cosa possa fruttargli orgoglio e denaro.

Mi dicevo: "Tutto questo non sta accadendo"

Ciò che segue sono brani del discorso di Brenda Pratt Shafer al National Right to Life Conference del '96 e del discorso tenuto il 21 marzo 1996 davanti ad una sottocommissione del Congresso USA. Shafer, infermiera professionista, ha partecipato a tre aborti a nascita parziale. Prima di questa esperienza era "pro choice", ovvero per la libera scelta.

Lavoravo per un'agenzia infermieristica a quel tempo e facevano ogni cosa: davano personale alle cliniche, agli ospedali, alle case di cura, ed io facevo l'intera gamma. E mi chiamarono un giorno e mi dissero: "Brenda, vuoi lavorare in questa clinica per aborti a Dayton?" ed io dissi: "Bene, che cosa fanno?"
"Fanno aborti, aborti D&C (Dilatation and Curettage, una tecnica abortiva in cui il bambino viene fatto a pezzi ed estratto dall'utero). Questo è ciò che mi dissero. Non avevo mai sentito parlare dell'aborto a

nascita parziale prima di entrare là. Così dissi loro che l'avrei fatto. Non avevo problemi, ero pro-choice e la pensavo così. Quando andai alla clinica mi fecero persino fare un colloquio sulle mie opinioni perché volevano essere sicuri, immagino, che non fossi un 'infiltrato'.

Il primo giorno che fui lì facemmo aborti D&C. È un aborto per aspirazione di bambini attorno alle sei settimane. La cosa che davvero si impresse nella mia mente quel giorno, fu che c'era una ragazza di 15 anni che faceva il suo terzo aborto e rideva per tutto il tempo. Ed io pensavo, immaginate, che poteva essere mia figlia di 15 anni a essere seduta su quel letto!

...l'aborto a nascita parziale è una procedura di tre giorni... nei primi due giorni le donne vengono fatte entrare e si esegue su di loro una procedura in cui i medici inseriscono una cosa che si chiama laminaria (sembra un tampone ma è fatto di alga) lo inseriscono nella cervice e quando diventa umida si espande, dilatandola. Perché quando una donna ha le doglie e i dolori del parto, questo è ciò che succede, la cervice si dilata per allargarsi in modo da far uscire il bambino. Dovevamo farlo anche in un aborto perché non puoi riuscire a tirare fuori il bambino da una cervice non dilatata. Entravamo, inserivamo la laminaria, e le mandavamo a casa o in un hotel della zona con un numero telefonico d'emergenza.

Il secondo giorno, le facevamo rientrare e cambiavamo la laminaria, dilatando ancora di più, e sempre il secondo giorno facevamo ciò che si chiama aborto D&E. In questo aborto portavano l'ecografo e lo mettevano sulla pancia della donna, e tu vedevi il bambino, vedevi il cuore battere. Questo per le gravidanze fino a quattro mesi e mezzo non si può andare oltre per questo metodo d'aborto. Io stavo a fianco del medico, a circa un metro da lui, e lo vedevo prendere il forcipe e salire dentro l'utero, strappare letteralmente il bambino membro per membro. Entrò e strappò via un braccio e lo gettò nella vaschetta, entrò e strappò via una gamba e la gettò nella vaschetta. Continuò finché non arrivò alla testa, allora andò su con il forcipe, schiacciò la testa e la tirò fuori. Ed io stavo a guardare. Guardai nella bacinella in cui aveva messo il corpo, e pensai tra me e me: Aspetta un attimo, dov'è il mucchio di cellule, dov'è l'ammasso di tessuto? Vedo un braccio, vedo una gamba, con dita nei piedi e nelle mani, e la cosa ha veramente cominciato a darmi fastidio a quel punto.

Così cominciai a pensarci… arrivai a casa e pensai, bene, se è così brutto al secondo giorno, non voglio vedere che cosa succede al terzo giorno. E mi spiegarono un po' che cosa sarebbe accaduto. Il terzo giorno entrai, il primo aborto che vidi era di una donna incinta di 26 settimane e mezzo. Il bambino aveva la sindrome di Down. E l'infermiera lo chiamava il loro caso speciale. Ed io dissi: "Perché è un caso speciale?"

"Beh, al medico non piace farlo oltre le 26 settimane e lei è un po' oltre." Alcune donne non vogliono abortire.

Questa signora in particolare non voleva abortire. Aveva questo bambino con la sindrome di Down, non era sposata, il suo ragazzo non voleva il bambino così come i suoi genitori. Pianse per tutti e tre i giorni che restò lì. Così chiamammo prima lei per farla subito finita. La portammo dentro, la preparammo, cominciammo con una flebo di Valium per farla star calma. Non usammo l'anestesia generale per tramortirla. Portammo l'ecografo e lo fissammo alla sua pancia.

Vedevo il bambino. Vedevo il battito del cuore. E il medico voleva che stessi proprio vicino a lui, perché voleva che vedessi tutto quanto riguarda l'aborto a nascita parziale. Così stetti lì. Entrò, guidato dall'ecografo, prese il forcipe, e girò il bambino perché non era in posizione. Trovò un piede e tirò il piede del bambino giù per il canale del parto, poi prese un altro piede e cominciò letteralmente a tirare fuori il bambino, in posizione podalica. E continuava a tirare giù e vedevo questo bambino che veniva tirato fuori dalla mamma, il suo sederino, il torace e poi fece uscire entrambe le braccia. La signora aveva le gambe legate alle staffe come quando si partorisce un bambino o c'è un esame ginecologico. L'unica cosa che sosteneva il bambino era il medico che lo stava tenendo con due dita, tenendo il collo così che la testa era appena dentro la mamma.

Il bambino scalciava con i piedi, appeso lì, mentre muoveva freneticamente le braccia e i ditini. Non potevo crederci (prima non capivo bene cosa lo avrebbe ucciso in quei tre giorni) ma vedevo con chiarezza che si muoveva e io continuavo a fissarlo. Continuavo a ripetermi, questo non sta accadendo. Pensavo che sarei svenuta, ma cercavo di farmi forza dicendo: sono una professionista, posso farcela, questo è giusto e io devo farcela, sono un'infermiera. Poi il medico prese un paio di forbici e le affondò nel retro della testa del bambino e fu allora che il bambino ebbe un sussulto. Un riflesso di sorpresa. Come quando prendi un bambino lo lanci un po' su e lui saltando stira le braccia e div rigido. In seguito il dottore aprì le forbici e fece un buco. Prese una potente macchina aspiratrice con un catetere e la conficcò in quel buco finchè non aspirò fuori il cervello. Il bambino divenne completamente floscio.

L'ho rivisto nella mia mente mille e più volte quel bambino che guardavo mentre la sua vita veniva prosciugata. Rimasi molto colpita da ciò che vidi. Per molto tempo, a volte ancora oggi, ho avuto incubi su cosa ho visto in quella clinica quel giorno. Come ho detto prima, ho visto bambini morire tra la mie mani, ho visto gente adulta morire tra le mie mani, gente menomata in incidenti d'auto, ferite di pistola. Ho visto procedure chirurgiche di ogni tipo. Ma in tutti gli anni di professione non ho mai assistito a niente del genere. Stavo per vomitare sul pavimento. Stavo letteralmente respirando a fatica e dicevo: "non vomitare, non vomitare, sarai imbarazzata se lo fai". Così cercai di resistere.

In seguito il dottore tirò fuori la testa, tagliò il cordone ombelicale e lo gettò in una bacinella. Fece uscire la placenta e la gettò nella stessa bacinella, e vi gettò anche gli strumenti che aveva usato. Vidi il bambino muoversi nella bacinella. Chiesi ad un'altra infermiera e mi disse che erano solo "riflessi".

Infine la mamma volle vedere il bambino. Il medico ci aveva detto in anticipo: "Cercate di dissuaderla dal vedere il suo bambino". Non gli piacerebbe. Ma lei aveva il diritto di vederlo. Così pulirono lei e il bambino e la accompagnammo fuori dalla sala operatoria, la portammo in una stanza e le demmo il bambino.

Lei teneva quel bambino tra le braccia, urlava e pregava Dio di perdonarla, e per farsi perdonare dal bambino lo teneva e lo dondolava dicendogli che lo amava. Ed io guardai il volto del bambino, e vidi che aveva il volto più angelico e perfetto che avessi mai visto.

Continuai a pensare: È un angelo adesso, è in cielo. Non sopportavo tutto quel dolore. Dopo tutti gli anni in cui avevo fatto l'infermiera, (per la prima volta) non ce la feci. Chiesi scusa e corsi al bagno, piansi e pregai.

Ne vidi altri due quel giorno, di circa 25 settimane. Ma ero in stato di shock. Stavo lì e sapevo che stava accadendo ma non avrei voluto esserci. Mi immaginavo a camminare in una spiaggia alle Hawaii da qualche parte, cercando di credermi fuori da quella stanza.

Le altre due pazienti erano donne perfettamente sane con bambini perfettamente sani. Una era una donna di 40 anni che aveva un figlio di 19 e stava divorziando, e quindi non voleva il bambino. L'altra era una mamma adolescente che aveva tenuto nascosta la gravidanza ai suoi genitori, e poi i genitori l'avevano scoperto e l'avevano costretta ad abortire. Dopo essere uscita quel giorno, non ritornai mai più.

Molta gente fuori dice che non ho visto quello che ho visto. Credetemi, l'ho visto ed ho avuto tanti incubi. E questo è un modo di guarire, di cercare di superarlo, ed insegnare alla gente la verità. Cosa accade veramente. Vorrei non avere visto ciò che ho visto, perché è stato terrificante. Ciò che vidi quel giorno non dovrebbe essere consentito in questo paese.

La gente mi chiede perché l'ho fatto, perché non sono andata fino in fondo e mio marito mi ha sempre detto: "È meglio accendere una sola candela che maledire l'oscurità". E questo è quello che cerco di fare, accendere una candela. Magari dalla mia candela io posso accendere la candela di qualcun altro e loro accenderanno quella di qualcun altro e così via. Perché una sola persona può fare la differenza. E questa è una grande cosa. Ognuno di voi può fare la differenza. *Dobbiamo far venire fuori la verità e dobbiamo annunciarla.*

Uno di questi giorni ogni persona qui dentro starà davanti a Dio ed Egli vi chiederà: "Che cosa hai fatto per me sulla Terra?" e voi direte: "Signore, non ho fatto molto, ma ho acceso una candela". E lui vi dirà: "Però, quanto brilla".

Cosa ne pensa Dio?

"Se durante una rissa qualcuno colpisce una donna incinta e questa partorisce senza che ne segua altro danno, colui che l'ha colpita sarà condannato all'ammenda che il marito della donna gli imporrà; e la pagherà come determineranno i giudici; ma se ne segue danno, darai vita per vita, occhio per occhio, dente per dente, mano per mano, piede per piede, scottatura per scottatura, ferita per ferita, contusione per contusione."

(Esodo 21:22-25)

Finiamo con il mettere nero su bianco le parole (e quindi i pensieri) di chi ha la voce più autorevole in capitolo. In questo caso, essere atei o ferventi cristiani non fa molta differenza.

La bibbia è il libro più venduto al mondo, tradotto in oltre 2400 lingue diverse.

Se così tante persone hanno scelto di acquistarlo e di credere a ciò che dice ci sarà un motivo. Qui possiamo leggere le difese che Dio prende riguardo alla vita nel grembo.

Da queste parole comprendiamo chiaramente come Dio difenda la vita del feto che essendo così piccolo e nascosto agli occhi umani, proprio per questo ha necessità di essere difeso.

L'aborto è il sovvertimento del piano di vita che Dio ha progettato per ognuno.

E' ribellione a Dio e ai doni meravigliosi che ci concede.

Normalmente dalle nostre parti si dice: *"Occhio non vede, cuore non duole"* e questa è fondamentalmente la politica adottata da molti nelle loro scelte private.

Tutto questo mi spaventa. Chinare la testa ad ogni passo, senza sapere dove questi passi del "progresso" ci conducano. Solo perchè è "progresso" non vuol dire che sia "buono".

Le questioni sollevate dalla nostra coscienza vengono così sommerse dal nostro soffocante ed egoistico grido di libertà, il quale non fa altro che condurci ad un umanesimo sfrenato. Il nostro grido non è più *"uno per tutti e tutti per uno"*, ma *"tutti per uno e uno per nessuno...."*

Quando siamo messi di fronte a una scelta così drastica cosa facciamo? Abbiamo dimenticato i valori che fanno da base alla vita e le consentono di andare avanti.

Ci sono vari aspetti della nostra vita che possiamo considerare eppure pensateci spesso sono argomenti puramente egoistici. Difficilmente sacrifichiamo la nostra libertà o il nostro denaro per altri e così facendo abbiamo, col passare del tempo, distrutto i valori che ci hanno accompagnati e fatti crescere.

Viviamo nell'era della libertà: ogni piacere e opportunità è a portata di mano e qualsiasi cosa violi questo nostro "diritto" viene scartata come un pericolo.

Che sia un aborto, un matrimonio, la nascita di un figlio illegittimo o altro non ha importanza. Ciò che ci è scomodo deve essere eliminato.

Così, con questa stessa fredda superficialità affrontiamo ogni scelta della nostra vita e quando alla fine ci voltiamo e guardiamo indietro, non vediamo altro che una scia di morte, violenza, tradimento e amarezza.

E come potrebbe essere altrimenti?

Che cosa ci ha portato questo nostro essere "liberi di scegliere"?

Crediamo di essere felici, ma quella dietro cui ci nascondiamo è una maschera facile da indossare e difficile da togliere.

Pensiamo di poter fare tutta la vita così, ovviando ogni volta, problema dopo problema... ma poi arriviamo alla fine della corsa.

Anche se questo discorso è più generale credo che sia perfetto per illustrare "il problema della libera scelta". La verità che sta dietro l'illusione è che ormai siamo così spaventati e assuefatti alle seconde scelte che non vogliamo rischiare. Non vogliamo prenderci il rischio di assumerci una responsabilità che a nostro avviso potrebbe renderci schiavi, ma che invece sarebbe indispensabile per la nostra crescita.

Ma la realtà è che se abbiamo paura e quindi non siamo liberi di scegliere siamo già schiavi.

Schiavi di quella stessa libertà che vantiamo di possedere e che non ci permette di scegliere "liberamente". Vale solo ciò che è meglio per noi, poi ciò che è meglio per gli altri e lo stesso vale per questi bambini che alcuni per scrupolo di coscienza non definiscono nemmeno tali. Sono scarti, grumi di cellule, tessuto di chissà quale forma. Lo definiscono in tanti modi diversi che a lungo andare la gente si convince di queste bugie. Sono sorpreso che molti siano capaci di scegliere con una tale spietata freddezza senza farsi il minimo scrupolo. Che alcuni addirittura richiedano una copia dell'ecografia avuta prima di abortire o sorridano di gioia vedendo il bambino che vogliono uccidere. Forse, anzi sicuramente, se le madri stringessero i loro figli tra le braccia invece di portarli in grembo gli aborti sarebbero drasticamente ridotti.

Perchè ci vuole un bel coraggio ad un uccidere un bambino vivo che si vede, mentre invece ucciderne uno altrettanto vivo ma senza vederlo diventa tutta un'altra storia. Allora il problema della coscienza è rimosso perchè non siamo costretti a vederlo mutilato mentre viene fatto a pezzi nel nostro grembo.

Mi appello a chiunque abbia un briciolo di buon senso: i bambini possono richiedere denaro, impegno, e alle volte ti fanno andare sui nervi, ma alla fine la gioia che ti donano ripaga di tutti gli sforzi fatti per averli e crescerli.

Per chi condivide principi cristiani mostro un'altro verso della bibbia che dice come Dio paragoni il bimbo nel grembo alla pari dell'uomo adulto. Qui è di Giovanni Battista che parla e il verso scritto si trova nel Vangelo di Luca Capitolo 1 verso 15 e dice:

"Perché sarà grande davanti al Signore. Non berrà né vino, né bevande alcoliche, e sarà pieno di Spirito Santo fin dal grembo di sua madre"

....pieno di spirito Santo fin dal grembo di sua madre....

Qui la bibbia parla di una creatura in grado di capire, di provare emozioni e capace perfino di ricevere lo Spirito di Dio. Di sentirlo, di comunicare con lui.

Quale prova maggiore del fatto che quella del grembo è una vita più che completa?

Dubito che qualche dottore, seppur per amore medico sopporterebbe volentieri quello che molti bambini abortiti sono costretti a subire nel grembo materno.

"Ecco i figli sono un dono che viene dal Signore; il frutto del grembo è un premio!"

(Salmo 127:3)

Madri: sono doni preziosi quelli che portate in grembo.

Sono tesori di gioia, di vita, di amore e di speranze. Non distruggeteli.

Il verso riportato all'inizio del capitolo ci dice che già solo colpire una donna incinta, **senza che ve ne sia danno** è un reato per cui si deve pagare. E credo che tutti condividiamo questo punto di vista cristiani o no. Come siamo arrivati dunque a tutto questo? Pensare che potessimo decidere a nostro piacimento chi deve vivere e chi no? Quando abbiamo imparato a sostituirci a Dio e convincerci che così va bene?

Il verso biblico riportato all'inizio parla chiaramente: un bambino nel grembo non è in nulla diverso da un essere umano tanto che a quel tempo se un bambino nasceva morto a causa di un aborto voluto si doveva dare *"vita per vita, occhio per occhio, ecc."*.

Notate: nel verso Dio parla anche di *"mano per mano"* (le braccine dei bambini che vengono staccate), *"piede per piede"* (i piedini dei bimbi abortiti) e *"scottatura per scottatura"*(Aborto per iniezione salina). Si tratta di un testo scritto migliaia di anni addietro! E' possibile che Dio avesse un messaggio per la nostra generazione?